LOS GOZOS Y LAS SOMBRAS

Gonzalo Torrente Ballester

I. El señor llega

SOCIEDAD GENERAL ESPAÑOLA DE LIBRERIA, S. A.

Primera edición: 1990

Produce: SGEL-Educación
Marqués de Valdeiglesias, 5, 1.º - 28004 MADRID

Adaptación del texto original: Amadeo Aláez

© Gonzalo Torrente Ballester, 1990
© Sociedad General Española de Librería, S. A., 1990
Avenida Valdelaparra, 29 - 28100 ALCOBENDAS (MADRID)

I.S.B.N.: 84-7143-444-X (Obra completa)
I.S.B.N.: 84-7143-438-5 (Tomo I)
Depósito Legal: M. 38.478-1990
Printed in Spain - Impreso en España

Cubierta y dibujos: Ibáñez

Compone: AMORETTI, S. A.
Imprime: NUEVA IMPRENTA, S. A.
Encuaderna: E. EUROPA

El número de los que vuelven nunca es tan grande como el de los que se van. Entre los que vuelven, unos traen dinero y coche, otros sombrero de paja y acordeón; los más vuelven con una enfermedad.

Don Fernando Deza, el padre de Carlos, había llegado a diputado[1]; se casó en Pueblanueva y volvió a marcharse, nadie sabe por qué. Doña Mariana también se marchó, pero regresó para quedarse.

Doña Matilde, la madre de Carlos, esperaba la vuelta de su hijo y hablaba de él a todo el mundo. Carlos estudiaba entonces en Viena. Si la gente decía que Cayetano, el dueño del astillero[2] de Pueblanueva, estaba en Londres, ella en seguida decía que Viena era mucho más importante. Viena en aquel pueblo de pescadores sonaba a pan y a vals[3].

Doña Matilde murió antes del regreso de su hijo. Ella pertenecía a la familia más importante del pueblo, los Churruchaos. Ahora ya no mandaba en Pueblanueva un Churruchao, sino Cayetano Salgado.

Otro Churruchao que había vuelto al pueblo era Eugenio Quiroga. Había sido pintor en París y cuando, en Pueblanueva, quiso pintar a una muchacha desnuda tuvo muchos problemas. Tantos, que se hizo fraile.

Otro que volvió al pueblo fue Juanito Aldán. Siempre hablaba de anarquismo, pero nadie le hacía caso.

Tampoco a doña Matilde prestaban atención: el astillero daba trabajo a mucha gente; además Cayetano era guapo y ganaba a las cartas. Carlos era feo hasta en fotografía, y además no era más que médico de locos.

---

[1] *diputado:* persona elegida para el Parlamento.
[2] *astillero:* talleres para construir y reparar barcos.
[3] *sonaba a pan y vals:* pan de viena, tipo de pan.

Por si fuera poco, los curas ya iban diciendo que, aunque volviera Carlos, para echar los demonios del cuerpo, sólo San Andrés, el de la ermita. Claro que después cuando hablaban, en diciembre, de que el señor iba a llegar, algunos se armaban un lío[4].

Por la criada, la Rucha, se supo que doña Mariana pre-

---

[4] *se armaban un lío:* no entendían nada, se confundían.

paraba la llegada de Carlos: sábanas finas, colchas elegantes y buen coñac.

Carlos Deza llevaba fuera del pueblo quince años. Había estudiado en Santiago, en Madrid y en Viena. Doña Mariana no le recordaba. Sí le recuerda bien Cayetano: «Jugábamos él y yo con ese muerto de hambre[5] de Juanito. Presumían de pazo[6] y, cuando subíamos a las ruinas del castillo, decían que hablaban con el espíritu de un conde y que yo no podía escuchar lo que ellos porque yo era un siervo.»

Paquito arreglaba relojes. Algunos le tenían por loco, pero todos saben que tiene la mejor memoria del pueblo.

Las mujeres adivinan lo que a los hombres pasa inadvertido. Doña Mariana ha vuelto al pueblo sin criadas para que no sepamos sus aventuras. Al poco tiempo se enteraron todos de que mandaba dinero regularmente a Astorga, a nombre de un muchacho. ¿Y quién sería el padre? Las opiniones iban de Jaime Salgado a Fernando Deza.

—¿Don Fernando Deza? —No. Era muy tímido y ella muy brava[7].

—¿Don Jaime Salgado? —Podría ser. Era dueño del próspero negocio del astillero y además visitaba periódicamente a doña Mariana. Según las criadas, sólo hablaban y hablaban.

Con el tiempo se llegó a saber que don Jaime y doña Angustias no dormían juntos desde el nacimiento de Cayetano. También se sabía que un día ella le había dicho gritando: «¡Me tienes abandonada por esa zorra[8]!», y había sonado una bofetada.

Todos debían favores a los Churruchaos; unos habían evitado ir al servicio militar, otros habían conseguido aclarar algún lío con la justicia. Pero los tiempos habían cambiado, ya no los necesitaban. A pesar de las visitas de don Jaime a doña Mariana, el último Churruchao, aquélla seguía tan orgullosa como siempre, saliendo de casa sólo para ir a la iglesia alguna vez y para pasear con sus perros.

Recordando a su primer amor, Carlos Deza abandona Alemania camino de Pueblanueva. Al pasar por París visita a su pariente lejano Gonzalo Sarmiento. Era primo de doña Ma-

---

[5] *muerto de hambre:* pobre hombre (despectivo).
[6] *pazo:* casa señorial gallega.
[7] *brava:* violenta.
[8] *zorra:* prostituta, puta.

riana y ésta había insistido mucho en que le visitara. «Él es una calamidad[9], pero debes traerme una impresión personal de su hija, ya con veinte años y aún en un colegio», decía doña Mariana en su carta.

Los artistas ya no vivían en Montmartre, sino en Montparnasse. Don Gonzalo seguía viviendo en Montmartre. En la calle un viejo barbudo tocaba al violín el vals de la «Viuda alegre», rodeado de turistas americanos. Carlos Deza pensó que el viejo formaba parte de la decoración para turistas. Así como los falsos mendigos, los falsos bohemios[10] y las falsas prostitutas.

* * *

La casa de Gonzalo Sarmiento olía a verduras cocidas. Él salió de la cocina, con el delantal puesto.

—No he estado en Pueblanueva desde hace quince años. ¿Podría ver a Germaine antes de salir para allá?

—Lo siento. Germaine está en un colegio, muy lejos de París. Es mucho más barato.

Carlos miraba sorprendido los retratos de las paredes: Caruso, Conchita Supervía y otros cantantes de ópera.

—Puede llevarse este retrato de Germaine, es reciente. Nuestra familia siempre ha tenido sensibilidad artística.

Carlos se despidió convencido de que Gonzalo Sarmiento callaba alguna cosa y que no vivía solo.

En la calle, el violín seguía sonando para las mismas personas.

Carlos escribió una carta a Zara, de la que se acababa de separar. Zara era húngara, y había sido su compañera de estudios en Viena.

«Zara, estoy en París, camino de mi tierra. En la casa de mis padres hay una habitación que mi madre mandó tapiar. Quiero pensar que vuelvo para cuidar de mis intereses, tan abandonados, y para trabajar en la Universidad o en un manicomio[11]... En realidad, vuelvo para ver lo que hay en esa habitación tapiada.

[9] *calamidad:* no sirve para nada.
[10] *bohemios:* de vida desordenada.
[11] *manicomio:* lugar donde se encierra a enfermos mentales.

Aquello de cuidar enfermos durante toda nuestra vida y de que cuando nuestros cuerpos fuesen incapaces ya de placer, suicidarnos... tú también lo decías en broma, ¿verdad? A mí el placer me interesa poco, y no tengo ganas de ser importante. Siento decepcionarte, lo mismo que hubiera decepcionado a mi madre. Voy a España, a cambiar, a ver qué pasa.»

Cerró la carta, puso el sello y al ir a echarla al correo se dio cuenta de que la había escrito en español. Rió con ganas y la rompió.

* * *

El autobús de Pueblanueva iba lleno de aldeanos con cestas llenas de verduras y de animales. Llovía bastante. Una muchacha, ofreciéndole su mantón, le dijo:
—Usted es Carlos Deza, ¿verdad?
—¿Me conoce usted?
—El señor no tiene por qué tratarme de usted. Soy Rosario, la hija del Galán, un casero[12] del señor. Yo soy como la criada del señor. Trabajamos las tierras del señor desde mis abuelos.

No le miraba de frente; su castellano era forzado[13].

Carlos pensó salir del mantón y mojarse, pero decidió esperar un poco más.
—Luego ¿trabaja usted tierras mías?
—Las trabaja mi padre, yo soy costurera. No me trate de usted. Ya estamos llegando. Aquélla es la casa del señor.
—¿Ha estado usted en ella?
—Hace cuatro años, cuando murió la señora. Todo aquello de allá es el astillero de don Cayetano Salgado.

Carlos creyó advertir cierto orgullo, como si dijera: «nuestro astillero». También se dio cuenta perfecta de las bonitas piernas de la chica, cubiertas de hermosas medias, algo caras para ella. Quizá Pueblanueva no estaba tan atrasada como él suponía.

El autobús se detuvo. Carlos vio cómo los rostros de to-

---

[12] *casero:* trabaja la tierra del señor.
[13] *su castellano era forzado:* no hablado con naturalidad (su lengua nativa era el gallego).

dos se volvían hacia él, llenos de curiosidad y en silencio. Distinguió entre todos a un hombre de poca estatura, de ojos muy vivos, corbata verde y sombrero, que usaba bastón.

* * *

Bajo la lluvia se acercó doña Mariana a saludar a Carlos. Quería saber en un minuto treinta años de vida. Le invitó a subir a su carricoche[14].

[14] *carricoche:* coche pequeño tirado por un caballo.

—Ya veo que Rosario te tapó para que no te mojaras. Es muy lista, lo irás viendo. Como tu casa es una ruina, vivirás en la mía.

Carlos pensó: mi madre, Zara, ahora doña Mariana. Quieren dominarme.

—Ya me contarás tus proyectos. Sólo una vieja como yo puede vivir en una aldea[15] así. Pero aún me queda mucho por hacer. Y lo haré.

La casa era grande. Las paredes eran de piedra, el patio tenía árboles. En el zaguán[16] había un espejo. Al verse en él, Carlos se encontró molesto; vio sus pantalones arrugados, su chaqueta descolorida. Hacía un gran contraste con doña Mariana.

—Carlos, te pareces a tu padre, aunque él vestía mucho mejor.

Estuvo a punto de preguntar a doña Mariana cuándo había muerto su padre, pero no lo hizo porque estaba seguro de que ella tampoco lo sabía.

—Piensa que estás en tu casa. Eres la persona que más me interesa en el mundo. Tu padre y yo fuimos muy amigos.

* * *

Mientras se bañaba pensaba en las últimas palabras de doña Mariana. Iría descubriendo las cosas poco a poco... La criada trajo ropa planchada y limpia. Notó que el cuarto de baño tenía maderas nobles, no azulejos[17].

Entró en el comedor. Era ancho y lujoso. En los armarios se veían muchos objetos de plata. Había una gran lámpara de cristal.

—Carlos, ya pareces otra persona.

—Es usted muy amable conmigo.

—Por ahora no soy amable contigo, sino con tu padre, el mejor hombre del mundo. Sabes poco de él y ese poco no es agradable. Desapareció cuando eras un niño.

—Mi madre me hablaba pocas veces de él.

[15] *aldea:* pequeña población característica de Galicia.
[16] *zaguán:* habitación que sigue a la puerta de la calle en una casa de aldea.
[17] *azulejos:* baldosas de colores.

—Tenía razones para odiarle, pero su desaparición se debió a un exceso de bondad. Ella supo callar, mucho la he admirado por eso. Tu madre no quería que vinieras.
—Todo esto es nuevo para mí, la verdad. No lo esperaba.
—A través de mi correspondencia deberías conocerme mejor. Quizá no debería haberte dicho esto todavía, pero, en fin, ya lo sabes. De mí te dirán que tuve un hijo siendo soltera. Añadirán muchas mentiras. Tienen necesidad de ellas, y más aún cuando estén hablando contigo. Todos tenemos derecho a conocer nuestro pasado, nuestras raíces, aunque sea doloroso.

Tomaron el café en otra salita más pequeña, muy graciosa[18]. Ella prefería velas a la luz eléctrica. Puso un disco en el gramófono y empezó a sonar una canción frívola:

....

Ay, qué tío tan atroz[19],
qué pellizco tan feroz
me dio en la parte posterior saliente,
que me dejó toda la región doliente,
pero luego se calmó...

....

—También tengo música seria; discos de Anselmi, Caruso...
—En casa de don Gonzalo había retratos de todos ellos...
—Se me había olvidado. ¿Cómo están? ¿Cómo es Germaine?
—No pude verla, está en un colegio lejos de París. Su padre me dio un retrato. Mírela.
—Pues es bonita. Si su padre fuese más normal, estarían aquí; ella es mi única heredera. Gonzalo es tonto, veinte años por allá... Quería ser escritor... no ha pasado de mendigo. Vive de lo que le mando, y lo hago por ella, no por él.

Después de un silencio preguntó si Viena seguía tan divertida.
—Es hermosa y divertida, pero algo triste, después de la

---

[18] *graciosa:* agradable.
[19] *tío tan atroz:* individuo terrible.

guerra. Yo, además, hacía la vida de un estudiante pobre.
—Tienes que olvidar la pobreza. Tu padre y yo íbamos a la ópera, los dos, muy bien vestidos.
—Alguna vez alquilé ropa para ir a ver alguna ópera.
—Y ¿se te acabó el dinero?
—Dejó de gustarme la ópera. Y tenía mucho que estudiar.
Él iba a preguntar por su pazo y por la habitación tapiada, pero ella se adelantó preguntando si había alguna mujer por medio; se alegró y mucho al saber que no había ninguna mujer en su vida.

* * *

El caballito tiraba del carricoche de doña Mariana, que Carlos encontraba delicioso. Tras un rodeo[20] por la playa, llegaron al pazo de los Deza. Entre Carlos y el cochero abrieron el gran portón de hierro. Desde la verja hasta la casa había una gran avenida, rodeada de árboles, llena de barro. El jardín, después de años sin cultivar, estaba lleno de hierbas.

Las habitaciones de la casa olían a humedad. El viento movía las cortinas. Los muebles habían perdido todo el brillo.

—Carlos, aquí no puedes estudiar ni vivir.
—¿Y la habitación que mi madre hizo tapiar?
—Caprichos[21]. Aquí no hay fantasmas. Era la habitación donde tu padre pasaba la vida. Yo entiendo esa precaución de tu madre.
—Pues he pensado mucho en ese cuarto. Me preocupaba ese recuerdo.

Carlos encendió un cigarrillo. Los dos acercaban los dedos a la boca para calentarlos.

—Hay hombres que van a donde quieren ir ellos, y otros que van a donde les llevan las circunstancias. Yo creo que carezco de voluntad.

Doña Mariana le miraba fijamente.

—En Viena era una amiga quien hacía los proyectos para los dos, hasta nuestra muerte estaba en el programa. La ciencia habla de libertad, no de destino. Sin ese y otros recuer-

---

[20] *rodeo:* desvío; camino más largo.
[21] *caprichos:* deseos ilógicos.

dos de la casa familiar quizá yo hubiera seguido al lado de Zara hasta la muerte.

—¿Qué voy a decir yo a eso? Hablas de cosas que no entiendo.

—Detrás de esa puerta no habrá nada, ropa y zapatos, lo que mi padre dejara al huir. Pero la curiosidad me vence.

—A mí nunca me ha gustado pensar las cosas demasiado.

—¿Demasiado mucho o demasiado poco? Si yo no hubiera analizado tanto mis relaciones con Zara habría sido feliz con ella.

—¿Tienes idea de los sacrificios que tu madre hacía por ti?

—Trato de imaginarlos.

—No puedes imaginarlos. Siendo tu padre soltero, yo venía por aquí con frecuencia. Después de casarme sólo vine tres veces, y las tres a hablar de ti. Tu madre estaba muy enfadada conmigo. Ella quiso vender todo para pagar tus estudios. Yo dije que era un gran error vender estas casas, estas tierras, tan amadas por tu padre... Le ofrecí dinero suficiente, ella no aceptó. Si no es por ti, no la hubiera vuelto a ver. Además todo hubiera ido a manos de los Salgado. Tú tenías aquí tu parte también. La discusión llegó a ser violenta. Al fin no vendió nada. Aceptó trabajar para mí bordando manteles y ropa interior. Y nunca quiso aceptar más dinero que otras bordadoras. Y así pagó tus estudios de Madrid y Viena.

—Si la hubiera conocido mejor la hubiera amado más aún. Siempre he seguido sus planes. Ahora me pregunto si tanto sacrificio ha servido para algo.

—Ella, pensando en ti, era feliz.

—Me interesa mucho lo que usted me cuenta. Y me duele saberlo. Tengo treinta y cuatro años, no puedo empezar de nuevo. Aunque me dedicara a otra cosa, seguiría con el hábito de analizarlo todo.

—¿Tú crees en Dios?

—¿Por qué me lo pregunta? ¿Y eso qué importa?

Ella puso una mano sobre su hombro.

—Ya lo creo que importa, yo no creo. Por eso me interesa tanto tu opinión sobre mí; la tuya, la del hijo de Fernando y Matilde, a quienes hice daño.

Carlos siguió meditando todo esto el resto del día. Ella hubiera querido que él olvidara sus palabras.

—Tu padre carecía del sentido del dinero. Hizo alquileres ridículos[22]. Y ahora la República no deja subirlos.

* * *

Después de merendar oyeron discos en la gramola y ella le invitó a tocar el piano. Ella escuchó atentamente, especialmente los valses.

—Ya ves, hijo, los valses son la música de mi tiempo. ¿Estudiaste música porque tu madre lo quiso?

—Me hubiera dedicado a ella, pero para mi madre era sólo un adorno.

—Tu padre tenía un gran porvenir en la política y lo abandonó. A mi primo Gonzalo le encantaba la literatura y a ella sacrificó su vida. El hijo de Quiroga iba para pintor; tú, para músico... Juan Aldán dice que quiere ser poeta. Nuestros abuelos se dedicaron a la política y a la hacienda propia[23]. ¿Qué te parece el cambio?

—Me considero fracasado en la psicología, pero no en la música. Tocar el piano estaba bien en las reuniones sociales, según mi madre. Además se podía interesar por mí alguna chica de buena familia. Me encanta tocar, pero sólo para personas que encuentran en ello el mismo placer que yo. Tengo otros deseos, pero no tengo fuerza para realizarlos.

—¿Te acuerdas de Cayetano Salgado?

—Era un chico bastante rico, jugaba con Juan y conmigo.

—Ahora es el amo del pueblo. Es mucho más rico que yo. Podría vivir en La Coruña, pero aquí sigue con su padre y con su madre. También a ellos les hice daño, pero la opción de Cayetano no me importa.

—No parece que usted les quiera mucho.

—Don Jaime es amigo mío. Ha sido mi administrador, contra la voluntad de su hijo. Te dirán que es el padre de mi hijo y no es verdad. Él es trabajador, buena persona; lleva-

---

[22] *hizo alquileres ridículos:* cobraba muy poco dinero por sus casas y tierras.
[23] *hacienda propia:* sus propiedades; casas y tierras que tenían.

ba el pequeño negocio de los barcos. Ella no tiene más ilusión que comprar lo que vendemos los Churruchaos.
  Doña Mariana enseñó a Carlos fotografías de antepasados, algunas comunes a los dos.
  —Mira, Carlos. Así era yo a los treinta años. El cuadro es de Sorolla.

—Viendo este cuadro, me imagino que mi padre, por usted, pudiera abandonarlo todo, que por usted pudo ser vil o heroico. Quizá, como yo, careciera de voluntad.

—No, no, tu padre sí tomaba decisiones, aunque era débil. Por dos veces fue capaz de abandonar lo que más quería. Pensaba mucho, como tú. Cuando hablo de nuestros antepasados no me refiero más que al hecho de que nacer trae obligaciones para con ellos. No merece la pena[24] alegrarse o entristecerse por el pasado. Las cosas son como son, y están bien así. Vosotros dos veis una pera madura y os ponéis a pensar de dónde salió.

Carlos escuchaba atentamente y miraba el retrato de doña Mariana.

—Tu padre descubrió la existencia de otra Mariana, la de aquel retrato, y quiso escribir su biografía. Pasábamos las tardes leyendo papeles antiguos y merendando. Y mientras tanto las propiedades se arruinaban. No se arruinarán del todo mientras yo pueda evitarlo.

Atrayendo a Carlos hacia sí, dijo:

—Los demás Churruchaos no me importan; tú, sí. Y pensar que tu madre y el tonto de Gonzalo me tenían miedo... Pero, en fin, aquí sigo, y todavía mando bastante.

—Empiezo a comprender a mi madre; la admiro más cada vez, pero hay aspectos en que sí quiero tener vida propia.

—Débil y terco, como tu padre. Nos entenderemos, ya verás.

* * *

Durante la cena oyeron música y hablaron de cosas sin importancia. De repente se presentó un pescador diciendo que había una pelea en la taberna del Cubano entre pescadores y obreros del astillero.

—Toma dinero y pagas vino y comida. Hay que darles una paliza[25]. Me disgustaría que ganaran los de la UGT.

El pescador se fue muy contento. Doña Mariana sirvió unas copas.

---

[24] *no merece la pena:* no sirve, ya no importa.
[25] *darles una paliza:* pegarles.

—¿Qué celebramos?

—La paliza que mis pescadores están dando a los del astillero. Debes saber que pierdo dinero, pero no quiero dejarlo todo para Cayetano.

Carlos, con cara de sorprendido y con la copa en la mano, la miraba.

—No lo hago por caridad, sino porque Cayetano quiere que todo el dinero del pueblo salga de su astillero y a mí no me da la gana[26]. Ganará él, claro, pero yo prefiero impedir que Cayetano haga su santa voluntad[27]. Su padre fue mi amigo, todo lo amigo que pueda ser un perro fiel; ahora le duele mi enemistad con su hijo. Él y doña Angustias desean la boda de Germaine con Cayetano... Yo sería capaz de salir de la tumba para asesinar a los dos.

Carlos vio cómo ella cerraba la mano con gran energía.

—Ya te dirán que no hay mujer que se resista a Cayetano; ahora está con la Galana. ¿Cómo puede un hombre portarse así?

Se oyeron dos disparos, apagados por el ruido de la lluvia. Por la ventana vieron a la gente correr y oyeron chillidos de mujeres.

—¿Le parece a usted que vaya a ver qué pasa?

—Es mejor que no intervengas en este lío. Los pescadores se reúnen en la taberna del Cubano. Por allí andará Juan Aldán. Vete si quieres, pero toma toda clase de precauciones.

Un hombre delgado y pelirrojo estaba sentado a una mesa de la taberna; a su alrededor un grupo de pescadores, de pie. Una muchacha traía agua y una toalla.

—Hombre, Carlos, soy Juan Aldán, ¿te acuerdas?

—Claro que me acuerdo; soy médico. ¿Estás herido?

—Esto no es nada. Ya sabía que habías llegado.

Aldán dijo a los pescadores que Carlos era la persona de quien tantas veces les había hablado. Todos le saludaron muy cortésmente. La muchacha añadió:

—Yo soy Carmiña. Éste es mi padre.

Era morena, de cara ancha. Llevaba con gracia[28] el vestido aldeano.

---

[26] *no me da la gana:* no quiero de ninguna forma.
[27] *haga su santa voluntad:* haga lo que quiera.
[28] *llevaba con gracia:* vestía atractivamente.

Carlos vio la herida de Juan; era pequeña y estaba limpia. Juan asumió lo sucedido:
—Una lucha entre esclavos y hombres libres.
—Juan, una pedrada[29] es una agresión. Vamos a denunciarlos.
Todos estaban de acuerdo en que los amigos de Cayetano romperían la denuncia y darían una paliza al que la llevara.
—Por defender la libertad de Cuba perdí esta pierna —decía el Cubano.
En aquel momento entró en la taberna un caballero de mediana edad; vestía impermeable negro y visera sobre la frente.
—Soy Baldomero Piñeiro, farmacéutico.
Tras unos comentarios sobre la herida, cambió la conversación.
—Bien me acuerdo de su padre, Carlos. Un gran señor, algo solitario, ya no quedan hombres así.
Olía a aguardiente. Repitió que no era de la UGT ni de la CNT, sino monárquico, de cuando los monárquicos se unían al pueblo contra los tiranos. Carmiña ofreció a Carlos sardinas y vino.
—Otra cosa no tenemos, pero de esto siempre hay.
Los pescadores empezaron a despedirse, dando la mano. Como eran muchos, Carmiña se impacientó:
—Don Carlos, diga adiós y basta.
Don Baldomero llevó a Juan y a Carlos a su casa. Una mujer en bata y despeinada abrió la puerta. Al ver a Juan y a Carlos se asustó y desapareció
—Es muy coqueta, como todas. Pasa el tiempo leyendo o en la iglesia.
No tardó en volver, ya peinada y muy vestida[30]. Traía galletas y vino dulce. Al estrechar su mano, Carlos notó temperatura de fiebre. Al rato, la charla cayó sobre Cayetano. Doña Lucía tomó la palabra:
—No respeta a nadie, nadie se libra de sus miradas, ni yo misma. Mientras le dure la Galana...

---

[29] *pedrada:* golpe producido por una piedra.
[30] *muy vestida:* vestida, arreglada en exceso.

Carlos quiso saber quién era la Galana. Le contestó don Baldomero.

—Una moza decente, costurera. Podía casarse con uno igual a ella, pero Cayetano dio trabajo a su padre y a sus hermanos en su astillero, y ella, ¿qué iba a hacer?

Doña Lucía contestó, apasionadamente:

—Pues mandarle a paseo[31].

—Lucía, querida, ¿qué sabes tú? Todo se compra y se vende.

—Don Baldomero, todo no —dijo Carlos—. Ni hablar. Doña Lucía, no...

—No pensaba en ella, por Dios.

—Porque me considera un poco vieja y sabe que estoy enferma.

—Lucía, sabes de sobra[32] que a pesar de eso a Cayetano le gustaría...

Doña Lucía recordó que en el pueblo algunas chicas, dirigidas por ella, se resistían a Cayetano. Apenas salían de casa e iban a misa al monasterio, no a la iglesia del pueblo. Un fraile decía una misa y sermón especial para ella y su grupo de chicas.

—Un hombre extraordinario —decía doña Lucía.

—Un loco —insistía don Baldomero—. A mí no me gusta ese cura. Estuvo en el extranjero, entiende la religión de otro modo... Es un hereje.

Discutían marido y mujer, Juan intervenía con alguna broma. Carlos peleaba contra el sueño. Don Baldomero insistió en acompañarles.

Camino de sus casas, Juan y Carlos vieron a un hombrecito que, indiferente a la lluvia, tocaba la flauta. Carlos creyó reconocer al hombre de sombrero y bastón de la estación. Juan se limitó a decir que era otra víctima de Cayetano.

Carlos entró en casa de doña Mariana, y don Baldomero insistió tanto que Juan terminó otra vez en la botica, entre más copas. El boticario[33] recordó a Juan cómo Cayetano había sido un mozo[34] tímido hasta el día en que apareció con un

---

[31] *mandarle a paseo:* no hacerle caso.
[32] *sabes de sobra:* sabes muy bien.
[33] *boticario:* farmacéutico.
[34] *mozo:* muchacho joven.

balandro. Desde aquel día empezó a ser importante en el pueblo, mientras Juan y Carlos estaban cada día más ausentes. De vez en cuando alababan la fuerza y el color del aguardiente.

—Oye, Juan, ¿crees que desplazará[35] al amo actual?

—Yo soy anarquista, no quiero que mande nadie. Ahora, en la situación actual, prefiero a Carlos.

—Los intelectuales, incluidos los de derechas, son una peste. A usted le hacen caso, poco, unos cuantos pescadores. A mí, nadie.

—Cayetano es mala persona. Mandará mientras viva. Habrá que matarle.

El boticario recordó que su mujer le decía que era incapaz de matar una gallina, por mucha hambre que tuviera. De todos modos, se hizo el valiente.

—Hay razones públicas y privadas para alegrarse de su muerte.

—Juan, ya sabes que no se puede matar al rey por mal que gobierne, pero si ha abusado de una esposa o de una hija...

---

[35] *desplazará:* se pondrá en su lugar.

Juan, sin prisa alguna, se encaminó a su casa. Todavía encendió un cigarrillo a la puerta. Seguía pensando en Carlos: lo necesitaba como testigo, como cómplice.

Su hermana Clara estaba fregando. Inés le preguntó por la herida. Juan dijo que no le prepararan cena, que ya había tomado algo. Después explicó a sus hermanas que Carlos era un pariente lejano, que era médico y que venía del extranjero.

—Juan, hueles a alcohol —dijo Clara con energía.

—Juan, yo no me voy a casar ni con Carlos ni con nadie, voy a ser monja. Estoy reuniendo dinero para la dote, pero nunca podrá decir la gente que he abandonado a mi madre y a mi hermano —así opinaba Inés.

Clara iba y venía por la casa; después de limpiar la cocina, atendía a su madre, alcohólica, encerrada en su habitación. La casa era grande, pero estaba muy abandonada, y ya casi sin muebles: los iban vendiendo para seguir viviendo.

* * *

Los tres hermanos de Aldán eran hijos de don Remigio y de Dolores, la cigarrera. Él había jurado a su esposa, en el lecho de muerte[36] de ésta, que se casaría con Dolores. Lo cumplió, pero algo tarde, cuando ya habían nacido Juan e Inés. Clara, por tanto, sí era hija legítima.

Clara, leyendo la esquela de su padre, preguntó qué quería decir aquello de «... su desconsolada esposa y su hija Clara...». Juan respondió:

—Inés y yo somos hijos ilegítimos.

Ninguno de los tres hijos sabía que don Remigio no había llegado a conde por andar siempre metido en trampas[37]. Y mucho menos sabían que la reputación de su padre en el Madrid de finales de siglo se basaba en sus buenos trajes y en sus escopetas de caza.

Don Remigio persiguió a Dolores la Cigarrera hasta conseguirla; primero para mantener su reputación en las reuniones sociales, y luego porque la quería. Aun a riesgo de que su esposa, Eulalia, se enterase, continuó mostrándola a los amigos. Y su esposa fue quien buscó una explicación: «El po-

---

[36] *en el lecho de muerte:* cuando estaba en la cama muriéndose.
[37] *metido en trampas:* con deudas de dinero.

bre Remigio tiene tantas ganas de ser padre... y como nosotros no tenemos hijos...»

Por aquellos tiempos las niñas bien[38] no estudiaban; los niños, sí. Juan tuvo que ir a la escuela y cambiar de escuela en cuanto aparecía el problema de los apellidos[39], que demostraban que era hijo ilegítimo.

Hasta doña Elulalia pensaba que la legislación de los apellidos era una crueldad; ella misma quiso legitimarlos, pero un resfriado madrileño[40] se la llevó por delante[41].

Don Remigio hizo lo posible para que Juan se marchara lejos, pero no lo consiguió. Juan, además, quería estudiar en la Universidad.

—A ver, hijo, ¿qué carrera te gusta? A tu edad no se sabe elegir... Ya ves, yo soy abogado, o sea, nada, si al menos fuera ingeniero...

Juan estudió Derecho y Letras, aunque don Remigio insistía en que el porvenir estaba en las ciencias químicas.

No tardó Juan en darse cuenta de que su padre era un cobarde y un tramposo. Con los papeles del servicio militar se enteró de que era ilegítimo. «Si supieras, hijo, cuánto he llorado por eso... Ahora, con este gobierno, lo arreglaremos...», le decía el padre para calmarle.

Le tocó ir a la guerra de África[42]. Los dos se debieron ale-

[38] *niñas bien:* niñas de buena familia.
[39] *el problema de los apellidos:* al ser hijo ilegítimo no podía llevar el apellido del padre.
[40] *resfriado madrileño:* resfriado que cogió en Madrid.
[41] *se la llevó por delante:* hizo que muriera.
[42] *la guerra de África:* entre los habitantes del Rif, norte de Marruecos y España; las campañas duraron desde 1909 a 1927.

grar; quizás alguna bala de esas que se llaman perdidas... Pero regresó, con uniforme de sargento. Cuando su padre le pidió que siguiera en el ejército, él se quitó violentamente el uniforme. Y para mostrar más claramente su desprecio por su padre, comenzó a frecuentar las reuniones de poetas y a conspirar en círculos republicanos, tomó parte en la rebelión de Jaca[43] y tuvo que huir a Francia.

Al proclamarse la República[44] por fin, vio a su padre entre los que esperaban en la estación a los «héroes de Jaca». Juan no le saludó. Estuvo días después en la quema de la iglesia[45] de San Luis. Poco después se enteró de que su padre había muerto, por lo que los apellidos siguieron como estaban.

Quedaban los tres hermanos sin una peseta. Decidieron marcharse a Galicia. En el largo viaje, Juan pensó que la solución total no podía ser otra que el anarquismo.

* * *

Mientras un albañil derribaba el tabique[46], Carlos leía papeles de la familia y doña Mariana se reía con gusto de la curiosidad de Carlos. Los papeles eran sobre los envíos de dinero a Madrid y a Viena. Su madre, en efecto, había vivido más que modestamente.

Quitados los ladrillos de la puerta, apareció una llave. Lograron abrir la puerta. Salía olor a humedad. Abrieron las ventanas. Los muebles, la alfombra y los cuadros estaban muy estropeados. Había un escritorio lleno también de papeles. «Nada, absolutamente nada, dejó para su hijo», pensaba Carlos, entristecido.

Sentados junto al fuego y con una copa de jerez cada uno, doña Mariana y Carlos comentaban la visita al pazo.

—Ni a Aldán ni a mí nos ha merecido la pena pecar, doña Mariana. Nada interesante, ni alguna carta, ni un esqueleto... Lo mejor del pazo es la vista del mar, desde la ventana

---

[43] *rebelión de Jaca:* levantamiento de la guarnición de esta ciudad contra la monarquía (12-13 diciembre 1930).
[44] *al proclamarse la República:* 14 de abril de 1931.
[45] *la quema de la iglesia:* entre los disturbios populares hubo algunos incendios de iglesias.
[46] *tabique:* la delgada pared que encerraba la habitación de su padre.

de la torre. Sería un buen sitio para trabajar, pero sigo pensando marcharme de Pueblanueva.

—Debes pensar que de haber escrito alguna carta para ti, tu madre la habría roto... Ella no quería que le odiaras, pero tampoco que le amaras. Nada encontrarás en esas cartas dirigidas a mí, pero debes leerlas: él aquí y yo por el mundo, son cartas de amigos, nada más. Cuando quieras, lees las que él me escribió.

—Tengo treinta y cuatro años... Tendré que seguir viviendo sin pensar en mi padre.

—Puedes vivir sin pensar en tus padres, puedes romper con tus antepasados, puedes abandonarlo todo, puedes, pero serías un cobarde.

Se sorprendió al ver a doña Mariana tan airada.

—Cuando los conozcas mejor verás que tu padre era un hombre entero, y tu madre, una mujer admirable. Mi hijo también me defraudó, al menos en un aspecto: no quiso aceptar su condición. Rechazando su origen me rechazaba a mí, luego de mí sólo aceptaba el dinero. No fui seducida por nadie, tuve un hijo porque quise tenerlo. Se ha casado, no sé si se habrá atrevido a hablar de ello con su mujer.

Una vez acostado, Carlos seguía pensando en las palabras de doña Mariana. Intentaba aceptarlas, pero para no sentirse dirigido, ofrecía alguna resistencia.

Supongamos, pensaba, que leídas esas cartas, descubro que mi padre era un caballero. O descubro que era un canalla. Un descubrimiento, o el otro, ¿cambiaría mi vida? ¿Hacer caso a doña Mariana es perder libertad? ¿No hacerle caso me haría sentirme más libre? Nunca, nunca, se es enteramente libre.

Había varias cartas muy reveladoras. La primera era de 1882.

«Querido Fernando:

Esa dimisión como diputado es una verdadera renuncia. ¡Vuelve hoy mismo a Madrid y al Congreso! Papá me ha preguntado si estás loco. Si ya no es tiempo para que te acepten la renuncia a la dimisión, haremos lo posible para que salgas diputado en las próximas elecciones.
                    Te odio,

                                            Mariana.»

Había otra carta de la misma fecha.

«... te pido perdón. Después de mandarte esa otra carta, papá me ha informado mejor. Dice que ya sabe el asunto de Madrid. Un caballero no puede hacer carrera en un mundo de pícaros[47]. Quizá deberías haber dado una paliza al calumniador, pero no marcharte.
                    Te quiere,

                                            Mariana.»

---

[47] *mundo de pícaros:* de gente que engaña y roba.

La respuesta de su padre a estas cartas era larga y detallada. Pensaba que por razones morales no podía volver al Congreso.

En otra carta doña Mariana y su padre abandonaban unas vacaciones en Deauville para pasarlas en Pueblanueva y convencer a su padre de que volviera a la política. No lo consiguieron. «Tú, Mariana, caminas, yo me paro; para no pensar en el futuro, pienso en el pasado. Quizá entre los dos haríamos un ser muy completo: a mí me falta la ilusión, a ti te faltan los recuerdos.»

* * *

La Rucha anunció la visita de Rosario.

—Doña Mariana, no me deje solo. No sé cómo tratar a los aldeanos.

Rosario, muy bien vestida, se quedó a la puerta de la sala.

—Vamos, pasa, siéntate —dijo doña Mariana.

—¿Quién, yo?

—Naturalmente, tú.

—Mi padre está en el astillero y mi madre no se encuentra bien. Me han dicho que cuando usted quiera se pase por allí. Todo lo tenemos cuidado y bien labrado. La renta es justa y la podemos pagar; esto lo digo yo, no de parte de mi madre. Le traigo el regalo de Nochebuena, como hacíamos con la difunta[48], que en gloria esté[49].

Dieron las gracias a Rosario y ella se marchó; sus zuecas resonaron en el pasillo. Doña Mariana, mirando el interior de la cesta que había dejado Rosario: «Manteca, pollo, una docena de huevos... Como ves, mientras continuamos sentados y les tuteamos[50], guardan las distancias[51]. Oye, me da la impresión que hace tiempo que no ves una mujer bonita. Toma precauciones o te arruinarán.»

---

[48] *la difunta:* la madre de Carlos, muerta.
[49] *que en gloria esté:* que esté en el cielo - deseo piadoso hacia los muertos.
[50] *tuteamos:* hablamos de tú, no de usted.
[51] *guardan las distancias:* saben comportarse, nos respetan.

Un día salió Carlos de paseo; recorrió la parte vieja del pueblo; mirando la iglesia, jugaba con sus recuerdos de veinte años atrás. Vio a don Baldomero salir de la iglesia.
—Vengo al rosario a esta iglesia para llevar la contraria a mi esposa. Ella va al monasterio, aunque llueva. ¿Usted sabe quitar preocupaciones?

Carlos rió con ganas y se dejó llevar a la botica[52].

—Bebo y bebo, pero de borracho, nada. Unas veces bebo porque hace frío y otras porque hace calor. Ayuda a vivir; usted, don Carlos, si se queda aquí, beberá también.

—Pero, ante todo, ¿cree usted en Dios, don Carlos?

—¿Por qué?

—Yo sé mucho de religión; he leído todos esos libros. Pero soy un pecador y sé que no podré salvarme. Hay una verdad que no viene en los libros.

—¿Qué quiere usted decir, don Baldomero?

—Mire usted, don Carlos, España fue el país elegido por Dios para defender la fe católica y en España se salvan hasta los pecadores como Lope de Vega.

—Bueno, yo no sé si se salvó o no.

—Le aseguro que sí. ¿Sabe por qué? Porque tenía confianza en su salvación. Está claro, sólo hay que ponerse en el lugar de Dios. Un amigo teólogo me dice que estoy al borde de la herejía.

De tanto beber y de tanto pensar cosas así, don Baldomero cayó al suelo. Acudió doña Lucía y un rato después, la criada.

—Un hombre se emborracha alguna vez, pero el mío, don Carlos, todas las noches. ¡Qué pensará usted!

Con la naturalidad de la costumbre, la criada cargó a hombros al boticario y dijo tranquilamente:

—Deje de quejarse, señora, que habría mucho que hablar.

* * *

—¿Te acuerdas de mí, Carlos? Pareces un muchacho, pero pasarás de los treinta, ¿no? Tú hecho un sabio y yo... ¿Oyes? Son las remachadoras[53] de mi astillero.

Cayetano llevó a Carlos a la sala de dirección: buena calefacción, estupenda alfombra, muebles de caoba, cristal de Bohemia para tomar jerez.

—Pueblanueva ya no es lo que era. Todos terminarán trabajando en el astillero. Cien hombres aún pierden el tiempo,

---

[52] *botica:* farmacia.
[53] *remachadoras:* máquinas que golpean los clavos de los barcos.

y aun la villa, en la pesca. El campo, con grandes trabajos, produce un poco de maíz y de berzas[54]. Oye, Carlos, necesitamos un médico: aquí, entre el viento y el vino, todo el mundo está loco.

[54] *berzas:* coles, repollos.

—Lo pensaré, es lo más que puedo decir.
—No has hablado hasta ahora más que con enemigos míos. Di trabajo a Juan, ese vago y discutidor..., pero prefiere comer de sus hermanas.
—Por favor, déjame escoger yo mismo mis amigos.
—Aquí puedes tener de todo, como yo. Ya sabrás que la vieja tuvo un hijo con mi padre y que ahora anda por América.

Recorriendo el astillero vieron a Rosario.
—Un bombón[55], Carlos, veintitrés años.
—La conocí el día de mi llegada.
—No lo comentes con la vieja, llegaría a oídos de mi madre, no le gustaría, es una santa.

Carlos contó la entrevista a doña Mariana.
—Estás algo serio, Carlos. ¿Te preocupa la oferta de Cayetano?
—No, pienso en mi relación con él y con usted. ¿Tiene todo esto algo que ver conmigo? Por las cartas veo que usted y mi padre se amaron; usted le ama todavía.
—Era a finales de siglo. Montar a caballo, jugar al tenis, usar falda-pantalón... ¿Te ríes, eh? Pues ésas eran mis faltas mayores. Tu padre se batió en duelo por defenderme, aunque me temo que llegó a creer la calumnia. Si estaba enamorado de mí, el duelo es menos admirable, ¿no? Entonces hasta le busqué una mujer, digna y con dinero. Él la aceptó. Nosotras distinguimos en el hombre entre amor y deseo. De todos modos, a él le debo el estar aquí, y seguir luchando por todo esto. Todavía me volví a marchar de Pueblanueva. Hice mucha amistad con un militar ruso, casado. Cuando iba a ser madre, me dijo: «Si me hubieras empujado, nos habríamos casado.» Cuando volví a Pueblanueva, él quiso ahorrar a tu madre el sufrimiento de verle enamorado de otra y prefirió desaparecer.

Carlos dio un paseo; pensaba que no debía abandonar todo aquello, donde tantas personas le querían o le habían querido. Analizando sentimientos contrarios, veía cómo las olas,

---

[55] *bombón:* muchacha joven y bonita.

incansablemente, seguían rompiéndose en espumas sobre las rocas.

* * *

El día de Navidad, doña Mariana pidió a Carlos que la acompañara a la iglesia. Al ver la sorpresa de Carlos, le dijo:
—Allí, en la iglesia, nunca nos vencerá Cayetano. Un Deza ayudó a un obispo contra otro y nos concedió el privilegio de sentarnos en el presbiterio[56]. Tal honor es la envidia de todo el pueblo.
—¿Y los curas lo siguen aceptando?
—Dicen que renunciemos a ello por humildad. Yo de humilde no tengo nada, qué caray. Doña Angustias, por mucho dinero que dé, seguirá sentándose con todos, atrás.

Terminados los oficios, Eugenio Quiroga llevó a doña Mariana a la capilla de los Churruchaos. Sacos de cemento cubrían algunas tumbas.
—Señora, son para hacer un altar a la Virgen de Lourdes. Lo paga doña Angustias.
—Aquí no se hará altar ninguno. A mis muertos no los tapa nadie. Iré a hablar con el obispo.

Carlos quedó encantado de la capilla, de un románico admirable.

Doña Mariana, con cuanta documentación halló sobre sus queridos muertos, se encaminó a Santiago. Mientras ella iba de compras, Carlos buscó a un compañero de estudios.
—Ten gran cuidado, Carlos, aquí los curas mandan mucho, eso de la clínica mental les puede quitar clientela. Yo no creo nada, pero voy a la iglesia, con mi mujer. Cualquier día sale una vacante, y...

Durante la comida, Carlos habló de su decepción a doña Mariana.
—Si usted se hubiera casado con mi padre, él habría seguido en la política, usted se enfadó con él. Pues enfádese conmigo también: ni voy a poner una clínica ni voy a ser profesor.

---

[56] *presbiterio:* zona del altar mayor de una iglesia.

Por la tarde fueron a ver al obispo. Carlos esperó fuera.

—Es andaluz, gracioso y listo. Que hay que conservar el arte, claro que sí. Y que si tengo dinero para ello. Evidentemente. Pero le he puesto la condición de que vaya él a inaugurarla. Resulta que las capillas no se inauguran[57], sino que se consagran[58]. Suena mejor y todo. Ese día me sentaré en el presbiterio. Se echó a reír, nos despedimos, y aquí estoy.

* * *

Don Julián leía a doña Angustias la carta en que el obispo daba las instrucciones para la capilla.
—Don Julián, lleva fecha del día de los Santos Inocentes[59]...
—No, señora, no, la carta es auténtica. Y habrá que cerrar la iglesia.
En el casino[60], la victoria de doña Mariana fue motivo de muchas bromas. Cayetano intentó cortarlas: «Esa puta vieja me las pagará.»
Y en la botica, don Baldomero daba su opinión a Carlos:
—Cerrar una iglesia es un pecado, no se puede perdonar. Lo del hijo, allá ella, tiene medios. Además esto de los hijos ilegítimos... ahora hay más que antes, con eso del cine... Por otro lado, mi mujer los domingos, después del cine, está más cariñosa. Se lo digo como a mi confesor. Si yo pensara que mi mujer me pone los cuernos[61] con un actor... la mataría, claro.
Salieron a dar un paseo. Carlos no salía de su asombro. Allá lejos, en el mar, un muchacho intentaba sacar el agua de su barquita con una lata de sardinas.

* * *

Doña Mariana dijo a Carlos que un pañuelo para la Galana era suficiente para agradecer el regalo. Había vacas y gallinas en el corral.

---

[57] *inauguran:* comienzan oficialmente.
[58] *consagran:* se hacen sagradas con una ceremonia.
[59] *Santos Inocentes:* 28 de diciembre, día en el que tradicionalmente se hacen y se admiten bromas.
[60] *casino:* lugar de reunión característico de pueblos y ciudades.
[61] *pone los cuernos:* engaña.

Rosario, este pañuelo es para ti, y éste para tu madre.

—No se queje tanto, madre, no pasamos hambre. Tampoco tenía por qué regalarnos nada.

Carlos mirando la ventana pensaba:

«Cayetano debe entrar por ahí. Esta chica habla con gracia. Es fuerte, pero fina.»

De vuelta a casa, doña Mariana le enseñó una carta, con sello de Santiago de Chile.

—Ha muerto tu padre hace poco más de dos meses. Ha muerto como un emigrante más, oscuro y pobre.

—Es absurdo.

—A mí me parece incomprensible.

—Me imagino. Su manera de entender la nobleza era huir y callar.

—Él no hubiera querido que le lloráramos.

Todavía leyó en voz alta dos renglones: «...72 años, no deja más que esas ropas personales...»

Carlos discutía incansablemente consigo mismo, quería escribir a Santiago de Chile pidiendo detalles. En Pueblanueva nadie se acordaba de su padre, les interesaba mucho más un posible encuentro entre Cayetano y Carlos. Y por fin se produjo en el casino.

Había ido antes al monasterio a conocer a fray Eugenio Quiroga, también de la familia. Por el camino conoció a Inés Aldán que venía con doña Lucía. Estuvo hablando con los frailes sobre la restauración de la iglesia. Al volver a casa de doña Mariana encontró una nota de Cayetano y acudió a la cita.

—Carlos, los sabios están en la luna, ya sabes. Algunos árboles de tu granja, al quitar el sol, no dejan crecer mis mieses. No quisiera terminar cortándolos yo. ¿Que me llevarías ante el juez?

—A lo mejor bastaba con decir a tus súbditos que eres un neurótico, con un gran complejo de Edipo. No, no te enfades, está de moda...

Se había formado un corro.

—No pasa, nada, señores, que no quiero vender una finca de mis padres.

Carlos tuvo que explicar a doña Mariana que la discusión del casino no había llegado a más porque se le había ocurrido eso del complejo de Edipo para salir del paso[62], ya que Cayetano es mucho más fuerte que él. Y que mientras viviera ella, él no podría ver a las mujeres más que como siervas, ya que creía en los amores de ella con su padre.

A los pocos días coincidieron en el casino otra vez, pero la atención fue para Paquito el Relojero.

—No quiero curarme. ¡Tengo derecho a ser loco!

Y mostraba un mecanismo en el que un pájaro aleteaba al tiempo que sonaba una musiquilla. Paquito gritaba con gran emoción:

—¡Lo hice yo! ¡Lo hice yo!

Los presentes explicaron a Carlos que al llegar la primavera, que Paquito notaba por la llegada de las golondrinas, compraba regalos y se iba a ver a una amiga. Semanas después volvía y estaba tranquilo hasta abril.

—Doña Mariana nos estamos acostumbrando uno al otro, pero no puedo seguir siendo su huésped. Intentaré vivir en el pazo.

—Pero si no se puede vivir allí. Habrá al menos que arreglarlo un poco y las chimeneas...

Se fue al pazo para ir arreglando alguna habitación. Oyó la voz de Juan Aldán y bajó.

—Pensaba ir mañana a verte a ti y a tu madre —dijo Carlos.

Carlos no entendía que Juan no le llevara nunca a su casa.

—La pobreza, amigo Carlos, trae consigo muchas miserias. El pobre, a veces, tiene que ser un héroe. Inés, si se va de monja, es una solución... Clara supongo que estará pendiente de Cayetano. Por eso tendré que matarle. Si viene antes la revolución, a lo mejor no hace falta.

—No creo que el mundo marche bien, pero no espero que algún día marche mejor.

—Por el bien del pueblo, deja que crean que eres un sabio, Carlos. Me voy. Nos veremos pronto.

---

[62] *para salir del paso:* para evitar la discusión.

Carlos encontró un día a Rosario en el camino.
—Sí, don Carlos, Cayetano me dejará algún día... ¿Mis padres? Ellos tienen mucha culpa. Por los sueldos del astillero me dejarían ir en cueros[63]. Creen que una está para eso.

Y Rosario siguió caminando sin volver la vista atrás.

Aquel mismo día cogió el coche y se dirigió a casa de la muchacha. Se dio cuenta de su error, pero se decidió a hablar con los padres de Rosario.

—¿Usted, quiere a Rosario, nuestra hija, para criada?
—No, no, la quiero para ama de llaves. Criada ya se buscaría.
—Es costurera, no necesita servir.
—¿Puedo saber la opinión de ella?
—No importa, ella obedecerá y callará.

Carlos no sabía qué hacer, debía marcharse. Al fin dijo «bueno, ya encontraré a quien me convenga», y se marchó sin mirar atrás.

Recibió recado de doña Lucía para ir a merendar. Don Baldomero le esperaba abajo. Quería prevenirle.

—Don Baldomero, ¿usted cree que puedo interesar a alguien?
—Llamarse Carlos Deza, tener un pazo... Le están buscando novia. Ándese con cuidado. Le acompaño hasta la botica, pero no subo. ¡Allá usted! Yo me voy al casino.

En efecto, el aviso del boticario era acertado. Con doña Lucía estaban Rula Doval y Julia Mariño, dos jovencitas de Pueblanueva. Carlos siguió el juego durante un buen rato, luego se fue a ver a Juan Aldán, para lo que estuvo esperando en la taberna del Cubano. Juan no aparecía y cuando estaba a punto de marcharse entró Clara.

Mire, don Carlos, ésta es su hermana; pregúntele por él.
—Hola, primo Carlos. Vengo por vino para el catarro de Juan.

Carlos la acompañó un rato y quedaron en que el día siguiente ella e Inés irían al pazo a limpiar la torre.

---

[63] *me dejarían ir en cueros:* no les importaría que fuera desnuda.

Así fue. Al día siguiente estuvieron todo el día en el pazo de Carlos. Por la tarde, Clara y Carlos merendaron. Inés rezaba.

—¿Qué, primo, te gusto? —preguntó desafiante.
—No, Clara, no me gustas —contestó Carlos después de la sorpresa de la pregunta—, eres una desvergonzada.
—Carlos, como pariente, algo te toca de mi mala fama.
—Clara, ¿juegas a las cartas, fumas, bebes anís a escondidas?
—No te rías, tengo mis vicios. Mi hermana, la santa, me dijo una noche que no volviera a dormir con ella. Tendré que huir de aquí.

* * *

Carlos dijo a doña Mariana que de todas las personas que había conocido, ninguna era tan sorprendente como Clara. Ella no estaba muy de acuerdo.
—Otra víctima de Cayetano. Aunque preferirá a Inés, más misteriosa.
—Al lado de don Juan, siempre hay una monja. Y se llama Inés.
Al día siguiente encontró a Clara colocando armarios. Clara ayudó a Carlos a preparar algunas habitaciones en el pazo. Le regaló mucha ropa y la invitó al cine. Su conversación fue más relajada que la del día anterior. Al anochecer Carlos lo cargó todo, cama y ropa, y se la llevó a casa de Clara.

* * *

En el casino, don Baldomero se extrañó de que Cayetano, tres meses después, siguiera con Rosario. Hasta dijo que tenía ganas de que la dejara para meterle mano[64] él. Estaba todo el grupo del casino comiendo mariscos y bebiendo vino. A Carlos lo invitaron.
—Y yo tengo ganas de partirle a usted la cara, Baldomero.
—Caray, no se ponga así, los bienes abandonados en la calle...

---

[64] *meterle mano:* tocar con intenciones sexuales.

Y siguieron entre el vino una animada charla sobre derechos de propiedad de la mujer. Se despidieron. Cayetano dijo que iría a La Coruña al día siguiente. Mientras lo decía miraba a Carlos.

* * *

Una noche, mientras Carlos intentaba encerrar el caballo, vio, bajo una piedra, y sobre un banco, un papel.

«Una servidora[65] irá esta noche a devolverle el pañuelo. No cierre la puerta ni pase cuidado por mí. Servidora le saluda. Rosario.»

Tras dudarlo un poco, no mucho, Carlos se encaminó hacia su casa.

—Don Carlos, quería hablarle de muchas cosas —dijo ella al verle.

Carlos se acercaba más y más a ella, sentados ambos en el sofá. Por la mañana, las zuecas habían sido trasladadas de sitio. El susto de los dos, por algún posible espía, sólo encontró eco en la flauta burlona del relojero.

Después de esa noche, Carlos pensó en la posibilidad de traer a Rosario a vivir con él. Hiciera lo que hiciera, de ningún modo lo haría por miedo a Cayetano. El Relojero esa misma noche abandonó a Cayetano y se fue a vivir al portal del pazo de Carlos, al que repitió varias veces:

—¡No intente curarme! Conocí a su padre y usted también es un hombre de bien y, aunque esté loco, no soy tonto.

—De acuerdo, quédate. Pero no digas ni una palabra de lo que sabes.

—No se preocupe don Carlos —dijo el loco tocando notas sueltas a la flauta—, le afinaré el piano.

* * *

Cayetano intentaba entrar una vez más en casa de Rosario.

—Cayetano, le he dicho que no pase; si lo intenta le doy con este palo. ¡Que no entre!

Se oyeron muchos golpes y puñetazos. Ella quedó, sangrando, en el suelo. Los padres de la Galana la miraban, pero no hacían nada. Cayetano estaba como loco preguntando quién había estado con ella. Todo lo había visto Paquito el Relojero. Salió corriendo al pazo y se lo contó a Carlos.

Los gritos de su madre ahogaron los comentarios de su padre y de sus hermanos:

---

[65] *una servidora:* forma popular de referirse a sí misma.

—¿Cómo que no vais al astillero? ¡Ahora mismo! ¡Mañana es sábado, día de paga!

* * *

Carlos fue a ver a Rosario, al enterarse de la paliza; ella insistió en que prefería que se creyera que había echado a Cayetano ella sola, sin ayudas. Por la tarde, Cayetano, entre carcajadas, lo contó en el casino, mostró las huellas de las uñas de Rosario y la ofreció al que la quisiera, firmando vales para ir a visitarla lo que quedaba de mes. Carlos le desafió, pero Cayetano no le hizo caso. Cubeiro reía.

* * *

Carlos se fue a hacer tiempo al casino. Allí conoció al médico, Padilla. El médico del pueblo se acercó a Carlos y tras hablar de sus tiempos de estudiantes en Madrid, le advirtió claramente:

—Acabo de atender a una enferma con grandes contusiones por todo el cuerpo. Tenga usted cuidado: ya sabe, en la oscuridad... Yo sólo podría certificar su muerte, nada más, ¿comprende?

Sin darle importancia salió hacia la plaza. Allí estaba Clara, a cubierto.

—Pareces otra mujer.
—Es lo mejor que podías decirme, Carlos.

—Doña Mariana, Juan ha amenazado a su hermana Clara por aceptar ropa de mi madre. Siento por ella gran curiosidad y una preocupación no moral, sino estética. Esa chica me conmueve, pero por motivos sencillos.

—No tienes obligaciones con ella, no te las inventes.
—Pues me siento en el deber de ayudarla.
—Tú estás loco.

Doña Mariana envió a la Rucha a buscar a Clara. La encontró en el viejo lavadero, en el río. Clara entró en la gran casa de doña Mariana buscando un espejo para poder mirar si iba bien vestida.

—¿Te gusta esto?

—Claro que sí —respondió mientras era invitada a sentarse.
—A ti te gusta Carlos.
—Sí, señora. Sabía que me lo preguntaría. Además creo que le gusto, pero no se preocupe, no lo suficiente como para casarse conmigo.
—¿Y sin casarse?
—Ya tiene a la Galana, dicen. Pero, ¿qué quiere: que le invite a cambiarme por ella?
—Me gustas. No eres cobarde como tu padre o tu hermano. Quiero poner una tienda en la plaza y necesito una persona de confianza como tú.

Rosario, al enterarse de que Carlos había salido con Clara, decidió ir a ver a la bruja del pueblo para quedar embarazada de Carlos. Durante el rito apareció el hijo de la bruja, que no perdió palabra[66] ni dejó de mirar a Rosario todo el tiempo. Aquella noche también fue al pazo de los Deza.

Doña Angustias se enteró de la paliza que su hijo le había dado a Rosario. Cayetano salió muy enfadado por la pena de su madre y pensando que Carlos era el culpable.
Aunque el Relojero avisó a Carlos de que Cayetano venía a matarle, Carlos le dejó entrar.
—Vengo a hablar de cosas serias, Carlos. ¿Te has acostado con ella?
—Pero, hombre, ¿no comprendes que no te puedo contestar? ¿La verdad? Si no te la digo, ¿no soy hombre? Es exactamente al contrario.
—Mi único deseo es que lo confieses y romperte la cara.
—Pues empieza, toma el atizador[67].
—Eres desesperante.
—Distinto de ti, desde luego. No te pregunto nada porque ni tú mismo sabes a qué has venido. El ansia de mandar es en sí una enfermedad. Claro que para obrar, mal o bien, hay que buscar motivos, cuanto más sublimes, mejor.
—A mí no me interesa más que la acción, el dominio, incluso de las mujeres; para lo demás no hacen falta. Conse-

[66] *no perdió palabra:* atendió, lo escuchó todo.
[67] *atizador:* barra de hierro para mover el fuego de la chimenea.

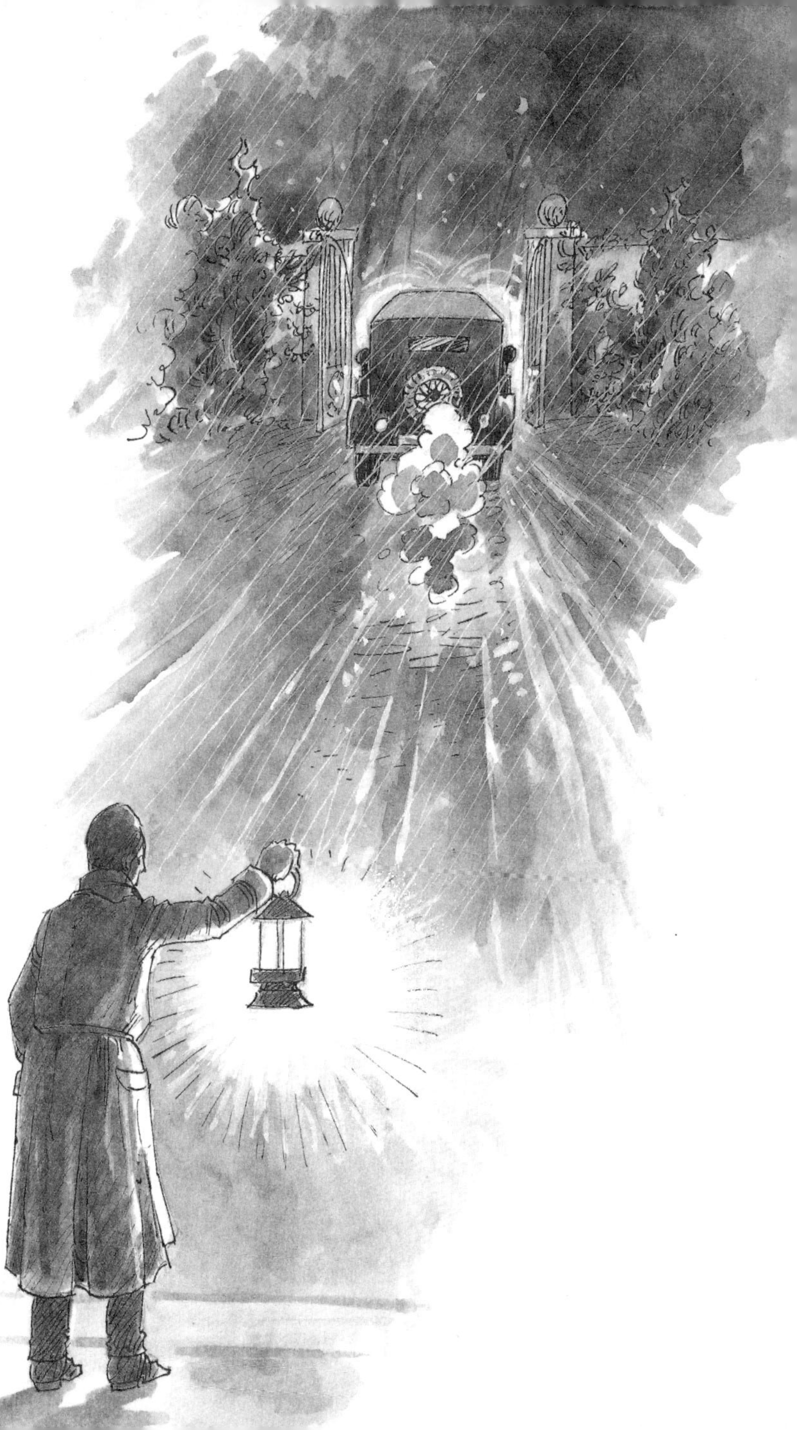

guiré a esas cursis[68] que van al monasterio con la boticaria.

—Los que intentamos pensar sólo tememos una cosa: equivocarnos. Cayetano, no me defraudes otra vez. Nada de palizas. Juego limpio.

Carlos le alumbró a la salida y no subió de nuevo la escalera hasta que el coche de Cayetano se perdió en la niebla. Paquito dijo: «¿Se han pegado?» Carlos no contestó.

Madrid, mayo-octubre 1956.

---

[68] *cursis:* ridículas, afectadas.

EJERCICIOS

Los ejercicios siguientes están dedicados a la práctica del subjuntivo, uno de los aspectos imprescindibles para expresarse bien en español.

Después de terminar cada ejercicio, se pueden consultar las páginas correspondientes para el estudio del contexto en que aparecen los ejemplos.

1. **Ponga el verbo entre paréntesis en la forma adecuada.**

    1. Tu madre no quería que (tú, venir) ....
    2. Ella hubiera querido que (él, olvidar) ....
    3. Quiere que todo el dinero (salir) .... del astillero.
    4. Ella no quería que tú le (odiar) ...., pero tampoco que le (amar) ....
    5. Él no quería que nosotros le (llorar) ....

        (págs.) .... (12, 15, 19, 28, 38 del original.)

    Al leer los ejemplos anteriores, ha visto que predomina un tiempo del subjuntivo. ¿Cuál es? ....

2. **¿Indicativo o subjuntivo? ¿Qué diferencia hay si usa uno u otro modo?**

    1. Juan dijo que no le (preparar) .... la cena.
    2. Me han dicho que, cuando usted quiera, (pasarse) .... por allí.
    3. Dicen que (nosotros, renunciar) .... a ello por humildad.

4. Me dijo una noche que no (yo, volver) .... a dormir con ella.

5. Le he dicho que no (pasar) ....

(págs.) .... (25, 30, 35, 42, 44 del original.)

3. **Ponga el verbo entre paréntesis en la forma adecuada.**

   1. Se extrañó de que Cayetano (seguir) .... con Rosario.

   2. Prefería que (creerse) .... que había echado a Cayetano.

   3. Le pidió (seguir) .... en el ejército.

   4. No entendía que Juan no le (llevar) .... a casa.

   5. No creo que el mundo (marchar) .... bien.

   6. Pero espero que algún día (marchar) .... mejor.

   7. Me disgustaría que (ganar) .... los de la UGT.

   (págs.) .... (42, 44, 26, 39, 18 del original.)

4. **¿Qué diferencia hay de significado entre el uso del indicativo o del subjuntivo cuando son posibles ambas formas?**

   1. Tenemos derecho a conocer nuestro pasado aunque (ser) .... doloroso.

2. Aunque me (dedicar) .... a otra cosa, seguiría con el hábito de analizarlo todo.

3. Era incapaz de matar una gallina, por mucha hambre que (tener) ....

4. Ella va al monasterio aunque (llover) ....

5. No se arruinarán del todo mientras yo (poder) .... evitarlo.

6. Mientras le (durar) .... la Galana.

7. Mandará mientras (vivir) ....

8. Ganará él, claro, pero cuando yo (morirse) ....

9. Cuando (tú, querer) ...., lees las que él escribió.

(págs.) .... (12, 15, 24, 30, 18, 21, 24, 19, 28 del original).

5. ¿Qué diferencia hay entre presente e imperfecto?

1. Ha vuelto al pueblo sin criadas para que no (nosotros, saber) .... sus aventuras.

2. Rosario te tapó para que no te (mojar) ....

3. Hizo lo posible para que Juan (marcharse) ....

4. Si ya no es tiempo para que te (aceptar) .... la renuncia, haremos lo posible para que (tú, salir) .... diputado en las próximas elecciones.

5. Les damos limosna para que nos (dejar) .... en paz.

   (págs.) .... (5, 10, 26, 29, 39 del original.)

6. **Ponga el verbo entre paréntesis en la forma apropiada.**

   1. Quizá yo (haber) .... seguido al lado de Zara hasta la muerte.

   2. Quizá, como yo, (carecer) .... de voluntad.

   3. Es mejor que tú no (intervenir) ....

   4. Si al menos (yo, ser) .... ingeniero.

   5. Si (tú, saber) .... cuánto he llorado por eso.

      (págs.) .... (15, 17, 19, 26 del original.)

7. **Ponga el verbo de la oración condicional en el tiempo adecuado.**

   1. Si su padre (ser) .... más normal, estarían aquí.

   2. Si yo no (analizar) .... tanto mis relaciones con Zara, habría sido más feliz con ella.

   3. Si la (conocer) .... mejor la hubiera amado más aún.

   4. Si (quedarse) .... aquí, beberá también.

5. Si me (tú, empujar) ...., nos habríamos casado.

6. Si usted (casarse) .... con mi padre, él habría seguido en la política.

   (págs.) .... (12, 15, 31, 34, 35 del original.)